OBSERVATIONS

SUR UN OUVRAGE

DE M. LE DUC DE GAËTE,

AYANT POUR TITRE,

APERÇU THÉORIQUE

SUR

. LES EMPRUNTS.

OBSERVATIONS

SUR UN OUVRAGE

DE M. LE DUC DE GAËTE,

AYANT POUR TITRE,

APERÇU THÉORIQUE

SUR

LES EMPRUNTS;

PAR ARMAND SÉGUIN,

CORRESPONDANT DE L'ACADÉMIE ROYALE DES SCIENCES.

Tout homme habitué aux calculs peut, avec des bases fausses et des chiffres, faire douter de l'évidence.

Les erreurs de M. le Duc de Gaëte, dans sa comparaison entre les avantages de l'amortissement et du remboursement, s'élèvent à près de 2 milliards, 600 millions.

PARIS,

IMPRIMERIE DE Mme Ve COURCIER, RUE DU JARDINET, N° 12.

1818.

OBSERVATIONS

SUR UN OUVRAGE

DE M. LE DUC DE GAËTE,

AYANT POUR TITRE,

APERÇU THÉORIQUE

SUR

LES EMPRUNTS.

Le mode de remboursement présente-t-il plus d'avantages que celui de l'amortissement?

Mon intention n'est pas, pour l'instant, d'approfondir cette discussion, sur laquelle j'aurai l'occasion de revenir.

Ce qui est incontestable, c'est qu'avec amélioration du cours, en supposant parité entre tous les autres élémens, le remboursement, comparé à l'amortissement, est, pécuniairement, favorable à l'emprunteur, et défavorable au prêteur; et, qu'au contraire, avec détérioration du cours, le remboursement, comparé à l'amortissement, est défavorable à l'emprunteur, et favorable au prêteur.

C'est donc démentir l'évidence, que de proclamer, ainsi que le fait M. le Duc de Gaëte, qu'avec amélioration du cours, l'amortissement est, pécuniairement, plus avantageux pour l'emprunteur que le remboursement.

Il résulterait de ses assertions, qu'en déboursant 100 fr. pour se libérer, par l'amortissement, d'un prêt de 62 fr., on a plus d'avantage qu'en déboursant 62 fr. pour se libérer, par le remboursement, d'un égal prêt de 62 fr.; ce qui, d'après le montant de ses emprunts, équivaut à cette proposition, que donnant 1 milliard 560 millions à ceux dont on n'a reçu que 900 millions, il reste encore, dans le système de l'amortissement, comparé au système du remboursement, un bénéfice de près de 500 millions.

Un tel résultat dépasserait ceux de la pierre philosophale, puisqu'il enrichirait en même temps l'emprunteur et le prêteur.

Mais il n'est, ainsi que je vais le démontrer, qu'une fiction née d'un défaut de réflexion.

Puisse cette évidence convaincre l'auteur estimable dont je n'attaque qu'avec regret la production !

Les bases sur lesquelles reposent les comparaisons de M. le Duc de Gaëte sont les suivantes.

BASES du Système de remboursement de M. le Duc de Gaëte.

Emprunts de 900 millions, composés ainsi qu'il suit :

1re année, 300 millions à 10 pour cent.
2e année, 200 millions à 8 pour cent.
3e année, 200 millions à 8 pour cent.
4e année, 200 millions à 8 pour cent.

Total . . 900 millions.

Remboursement de ces emprunts en vingt-trois années, à raison de 40 millions par an.

Remboursement, à partir de la vingt-quatrième année, et à raison de 40 millions par an, du capital nominal, à 100 fr. pour 5 fr., des 83 millions de rentes que M. le Duc de Gaëte suppose exister déjà au moment de ses emprunts.

BASES du Système d'amortissement de M. le Duc de Gaëte.

Emprunts de 900 millions, composés ainsi qu'il suit :

1re année, 300 millions au cours de 50 f. » c. pour 5 f.
2e année, 200 millions au cours de 62 f. 25 c. pour 5 f.
3e année, 200 millions au cours de 62 f. 25 c. pour 5 f.
4e année, 200 millions au cours de 62 f. 25 c. pour 5 f.

Total . . 900 millions.

Emission, pour ces 900 millions d'emprunts, de 78 millions de rentes, composées ainsi qu'il suit :

1er empr., 300 millions à 50 f. » c. pour 5 f., 30.000.000 f.
2e empr., 200 millions à 62 f. 25 c. pour 5 f., 16.000.000
3e empr., 200 millions à 62 f. 25 c. pour 5 f., 16.000.000
4e empr., 200 millions à 62 f. 25 c. pour 5 f., 16.000.000

Total . . 900 millions . . . . 78.000.000 f.

Rachats de ces 78 millions de rentes, et des 83 millions de rentes anciennes, en tout 161 millions, au cours nominal de 100 fr. pour 5 fr.

Le Tableau suivant, copié littéralement de l'Ouvrage de M. le Duc de Gaëte (pag. 40), présente l'amortissement de ces 161 millions de rentes, au cours nominal de 100 fr. pour 5 fr.

Les arrérages des rentes rachetées y sont, chaque année, ajoutés aux 40 millions du fonds fixe d'amortissement, et augmentent d'autant les rachats.

PREMIER TABLEAU.

« *Des effets de l'amortissement, au pair, des 161 millions*
» *de rentes, 5 pour cent, avec un fonds annuel d'amor-*
» *tissement de 40 millions.* »

Années.	FONDS d'amortissement.	MONTANT des intérêts annuels des rentes rachetées annuellement *au pair.*	TOTAL des moyens d'amortissem.	MONTANT des rentes rachetées chaque année.
1	40.000.000f	»	40.000.000f	2.000.000f
2	40.000.000	2.000.000f	42.000.000	2.100.000
3	40.000.000	4.100.000	44.100.000	2.205.000
4	40.000.000	6.305.800	46.305.000	2.315.250
5	40.000.000	8.620.250	48.620.250	2.431.012
6	40.000.000	11.051.262	51.051.262	2.552.563
7	40.000.000	13.603.823	53.603.823	2.680.191
8	40.000.000	16.284.014	56.284.014	2.814.200
9	40.000.000	19.098.214	59.098.214	2.954.910
10	40.000.000	22.053.124	62.053.124	3.102.656
11	40.000.000	25.155.780	65.155.780	3.257.789
12	40.000.000	28.413.569	68.413.569	3.420.678
13	40.000.000	31.834.447	71.834.447	3.591.722
14	40.000.000	35.426.169	75.426.169	3.771.308
15	40.000.000	39.197.487	79.197.487	3.959.874
16	40.000.000	43.157.361	83.157.361	4.157.868
17	40.000.000	47.315.229	87.315.229	4.365.761
18	40.000.000	51.680.990	91.680.990	4.584.049
19	40.000.000	56.265.039	96.265.039	4.863.256
20	40.000.000	61.128.295	101.128.295	5.011.115
21	40.000.000	66.139.410	106.139.410	5.306.970
22	40.000.000	71.446.380	111.446.380	5.572.319
23	40.000.000	77.018.699	117.018.699	5.850.934
24	40.000.000	82.869.633	122.869.633	6.143.481
25	40.000.000	89.013.114	129.013.114	6.450.655
26	40.000.000	95.463.769	135.463.769	6.773.188
27	40.000.000	102.230.957	142.230.957	7.111.542
28	40.000.000	109.342.499	149.342.499	7.467.124
29	40.000.000	116.809.623	156.809.623	7.840.481
30	40.000.000	124.660.104	164.660.104	8.233.005
31	40.000.000	132.893.109	172.893.109	8.644.655
32	40.000.000	141.537.764	181.537.764	9.076.888
33	40.000.000	150.604.652	190.604.652	9.580.272
34	16.185.680	»	16.185.680	809.284
	1.336.185.680f			161.000.000f

Le Tableau suivant, copié littéralement de l'Ouvrage de M. le Duc de
Gaëte (p. 35), présente le remboursement des 900 millions d'emprunts,
à raison de 40 millions par an; et le paiement annuel de leurs intérêts
exigibles, et des arrérages exigibles des 83 millions de rentes anciennes.

DEUXIÈME TABLEAU.

« *Système du remboursement annuel.* »

Années.	MONTANT DE LA DÉPENSE DU TRÉSOR.				TOTAL de la dépense de chaque année.
	1re année.	2e année. Intérèts du 2e emprunt de 200 millions à 8 pour 100.	3e année. Intér. du 3e emprunt de 200 mil. à 8 pour 100.	4e année. Intér. du 4e emprunt de 200 mil. à 8 pour 100.	
	Remboursement du premier emprunt de 300 millions à 10 pour cent.				
1re	153.000.000f (a)	»	»	»	153.000.000f
2	149.000.000 (b)	16.000.000f	»	»	165.000.000
3	145.000.000	16.000.000	16.000.000f	»	177.000.000
4	141.000.000	16.000.000	16.000.000	16.000.000f	189.000.000
5	137.000.000	16.000.000	16.000.000	16.000.000	185.000.000
6	133.000.000	16.000.000	16.000.000	16.000.000	181.000.000
7	129.000.000	16.000.000	16.000.000	16.000.000	177.000.000
8	125.000.000	16.000.000	16.000.000	16.000.000	173.000.000
(c)	1.112.000.000f	112.000.000f	96,000,000f	80,000,000f	1.400.000.000f
	Remboursement du deuxième emprunt de 200 millions à 8 pour cent (d).				
9	171.000.000f	»	»	»	
10	167.800.000	»	»	»	
11	164.600.000	»	»	»	
12	161.400.000	»	»	»	
13	158.200.000	»	»	»	
	823.000.000f				823.000.000
	Remboursement du troisième emprunt de 200 millions à 8 pour cent (e).				
14	155.000.000f	»	»	»	
15	151.800.000	»	»	»	
16	148.600.000	»	»	»	
17	145.400.000	»	»	»	
18	142.200.000	»	»	»	
	743.000.000				743.000.000
	Remboursement du quatrième emprunt de 200 millions à 8 pour cent (f).				
19	139.000.000f	»	»	»	
20	135.800.000	»	»	»	
21	132.600.000	»	»	»	
22	129.400.000	»	»	»	
23	126.200.000	»	»	»	663.000.000
	663.000.000f				3.629.0000.00f

Le Tableau suivant, dont tous les élémens sont copiés de l'Ouvrage de M. le Duc de Gaëte (p. 32), présente le remboursement, à raison de 40 millions par année, du capital nominal des 83 millions de rentes anciennes, et le paiement annuel de leurs arrérages exigibles.

(a) « Intérêt de la dette ancienne.................... 83.000.000fr.
—— » de l'emprunt de 1817....................,...... 30.000.000
» Fonds annuel de remboursement................... 40.000.000

      » Total pour la 1re année................. 153.000.000fr.

(b) » L'intérêt décroît de 10 pour cent des 40 millions qui sont remboursés » chaque année.

(c) » Dépense totale à l'époque à laquelle le 1er emprunt de 300 millions » est remboursé.

(d) » Intérêt de la dette ancienne.................... 83.000.000fr.
—— » des trois emprunts de 200 millions à 8 pour 100. 48.000.000
» Fonds de remboursement......................... 40.000.000

      » Dépense de la 9e année........................... 171.000.000fr.

» Cette dépense décroît de l'intérêt à 8 pour cent des 40 millions qui sont » remboursés chaque année sur le second emprunt.

(e) » Intérêt de la dette ancienne.................... 83.000.000fr.
—— » des deux derniers emprunts.................... 32.000.000
» Fonds de remboursement......................... 40.000.000

» Dépense à la 14e année........................... 155.000.000fr.

(f) » Intérêt de la dette ancienne.................... 83.000.000fr.
—— » du dernier emprunt............................ 16.000.000
» Fonds de remboursement......................... 40.000.000

» Dépense à la 19e année........................... 139.000.000fr.

» L'intérêt décroît de 8 pour cent des 40 millions appliqués aux rembour- » semens. »

TROISIÈME TABLEAU.

ANNÉES.	PAIEMENS ANNUELS.	ANNÉES.	PAIEMENS ANNUELS.
		ci-contre	2.163.000.000[f]
24[e]	123.000.000[f] (a)	45[e]	81.000.000
25[e]	121.000.000 (b)	46[e]	79.000.000
26[e]	119.000.000	47[e]	77.000.000
27[e]	117.000.000	48[e]	75.000.000
28[e]	115.000.000	49[e]	73.000.000
29[e]	113.000.000	50[e]	71.000.000
30[e]	111.000.000	51[e]	69.000.000
31[e]	109.000.000	52[e]	67.000.000
32[e]	107.000.000	53[e]	65.000.000
33[e]	105.000.000	54[e]	63.000.000
34[e]	103.000.000	55[e]	61.000.000
35[e]	101.000.000	56[e]	59.000.000
36[e]	99.000.000	57[e]	57.000.000
37[e]	97.000.000	58[e]	55.000.000
38[e]	95.000.000	59[e]	53.000.000
39[e]	93.000.000	60[e]	51.000.000
40[e]	91.000.000	61[e]	49.000.000
41[e]	89.000.000	62[e]	47.000.000
42[e]	87.000.000	63[e]	45.000.000
43[e]	85.000.000	64[e]	43.000.000
44[e]	83.000.000	65[e]	21.000.000
	2.163.000.000[f]	Total...	3.424.000.000[f]

C'est dans ces trois Tableaux que M. le Duc de Gaëte puise ses comparaisons.

En voici les bases :

La dépense faite, pendant les 23 premières années,

(a) « Dette ancienne.............................. 83.000.000fr.

» Fonds de remboursement...................... 40.000.000

   » Total de la dépense.................... 123.000.000fr.

(b) » Déduction faite de 2 millions pour l'intérêt à 5 pour cent des 40 millions remboursés pendant l'année précédente ; la même déduction a lieu sur chacune des années suivantes. »

pour le remboursement des 900 millions d'emprunts, l'acquittement de leurs intérêts exigibles, et le paiement annuel des 83 millions de rentes anciennes est, d'après le second Tableau, de . . 3.629.000.000 fr.

A quoi ajoutant, pour le remboursement du capital nominal des 83 millions de rentes anciennes, et le paiement de leurs arrérages exigibles, ainsi que l'indique le troisième Tableau. . . . . 3.424.000.000 fr.

On a, dans le système du remboursement, une dépense totale de. . . . . 7.053.000.000 fr.

Quant à l'amortissement, M. le Duc de Gaëte en établit la dépense ainsi qu'il suit :

« Intérêts de la dette *ancienne* et du nouvel emprunt
» de 300 millions, fait en 1817, à raison de 113 mil-
» lions par an, pendant 33 ans . . 3.729.000.000 fr.
» *Idem* du deuxième emprunt
» de 200 millions à 8 pour 100,
» pendant 32 ans. 512.000.000
» *Idem* du troisième emprunt
» de la même somme au même
» intérêt, pendant 31 ans. 496.000.000
» *Idem* du quatrième emprunt,
» pendant 30 ans. 480.000.000

5.217.000.000 fr.

Ci-contre. . . . . 5.217.000.000 fr.

» Fonds annuel d'amortisse-
» ment à raison de 40 millions
» par an, pendant 33 ans (1ᵉʳ
» Tableau). . 1.320.000.000 fr.
» Appoint
» pour la 34ᵉ
» année (*id*). . 16.185.680

1.336.185.680

» Dépense totale de l'amortis-
» sement. . . . . 6.553.185.680 fr.

» Dépense du remboursement
» simple. 7.053.000.000

» Différence à l'avantage de l'a-
» mortissement, au pair. . . . . . . 499.814.320 fr.

Ce résultat est non-seulement faux, mais même en sens inverse de la réalité.

J'en puiserai la preuve dans les trois Tableaux de M. le Duc de Gaëte ; j'en comparerai les résultats à deux époques différentes, et je prouverai qu'à chacune d'elles, l'avantage pécuniaire est, d'après ses bases, du côté du remboursement.

PREMIÈRE ÉPOQUE DE COMPARAISON.

Trente-quatrième Année.

L'amortissement a racheté les 161 millions de rentes.

A la 34e année, la dépense de l'amortissement est, d'après M. le Duc de Gaëte, ainsi qu'on vient de le voir (pag. 14, lig. 12), de. . . . .   6.553.185.680 f.

A la 34e année, la dépense du remboursement est, ainsi qu'il suit :

3e Tableau.			
A la 23e année, 2e Tableau..	3.629.000.000 f		
pour la 24e ann.	123.000.000 f		
pour la 25e ann.	121.000.000		
pour la 26e ann.	119.000.000		
pour la 27e ann.	117.000.000		
pour la 28e ann.	115.000.000		
pour la 29e ann.	113.000.000		4.872.000.000
pour la 30e ann.	111.000.000		
pour la 31e ann.	109.000.000		
pour la 32e ann.	107.000.000		
pour la 33e ann.	105.000.000		
pour la 34e ann.	103.000.000		
	1.243.000.000	1.243.000.000 f	

Les contribuables ont donc été allégés de. . . . .   1.681.185.680 f.

Mais ils restent chargés , sur les 83 millions de rentes anciennes, de 61 millions, le remboursement fait depuis la 24e année n'en ayant éteint que 22 millions.

M. le Duc de Gaëte ne s'est probablement pas rendu compte des résultats de cette comparaison. S'il l'eût faite, j'aime à penser que, se conformant à ce qui semblait le plus naturel et le plus simple, il eût arrêté là son opération, et eût employé au rachat des 61 millions de rentes encore existantes , les 1.681.185.680 fr. faisant la balance active du mode de remboursement.

Ce n'est pas ainsi qu'il a opéré. Il a continué le remboursement, et l'a prolongé jusqu'à la 65ᵉ année ; et c'est le résultat de cette 65ᵉ année qu'il a comparé au résultat de la 34 année de l'amortissement.

Malgré la défectuosité de cette marche, je vais m'y conformer, mais uniquement pour mettre en évidence les résultats erronés qu'en déduit M. le Duc de Gaëte.

DEUXIÈME ÉPOQUE DE COMPARAISON.

Soixante-cinquième Année.

Le remboursement s'est libéré des 161 millions.

A la 34ᵉ année, le remboursement a un capital actif de.. . . . . .1.681.185.680 fr.

Et une dette en rentes de. . . .   61.000.000 fr.

Il s'agit d'éteindre cette dette, dans les proportions et avec les moyens annuels voulus par M. le Duc de Gaëte.

Mais comme, à partir de la 34ᵉ année, l'amortissement n'a plus de dépenses, il ne faut pas que le remboursement en occasionne de nouvelles. Ce sera donc avec son capital de 1.681.185.680 fr. qu'il subviendra au remboursement du capital nominal des 61 millons, et au paiement des arrérages exigibles.

Toutefois ce capital, diminué chaque année du montant des dépenses, devra en compensation s'augmenter de ses intérêts, que je ne porte qu'à cinq pour cent, taux fixé par M. le Duc de Gaëte pour le remboursement.

D'après ces bases, voici quelle sera la marche de l'opération.

Après en avoir donné les détails pour les deux premières années, j'abrégerai en n'offrant que les résultats des suivantes.

35e année.

Capital actif du remboursement à la trente-quatrième année . . .	1.681.185.680 f.
Intérêts d'une année à 5 p. 100,	84.059.284
Total.	1.765.244.964 f.
A déduire pour les 40 millions de remboursement annuel, et les arrérages exigibles (3e Tableau, lig. 12)	101.000.000
Reste en capital actif. . . .	1.664.244.964 f.

36e année.

Capital actif du remboursement à la trente-cinquième année. . .	1.664.244.964 f.
Intérêts d'une année à 5 p. 100,	83.212.248
Total.	1.747.457.212 f.
A déduire pour les 40 millions de remboursement annuel, et les arrérages exigibles (3e Tableau, lig. 13).	99.000.000
Reste en capital actif. . . .	1.648.457.212 f.

37ᵉ année... Reste en capital actif, 1.633.880.072 f.

38ᵉ année... Reste en capital actif, 1.620.574.075 f.

39ᵉ année... Reste en capital actif, 1.608.602.778 f.

40ᵉ année... Reste en capital actif, 1.598.032.916 f.

41ᵉ année... Reste en capital actif, 1.588.934.561 f.

42ᵉ année... Reste en capital actif, 1.581.381.289 f.

43ᵉ année... Reste en capital actif, 1.575.450.353 f.

44ᵉ année... Reste en capital actif, 1.571.222.870 f.

45ᵉ année... Reste en capital actif, 1.568.784.013 f.

46ᵉ année... Reste en capital actif, 1.568.223.213 f.

47ᵉ année... Reste en capital actif, 1.569.634.373 f.

48ᵉ année... Reste en capital actif, 1.573.116.091 f.

49ᵉ année... Reste en capital actif, 1.578.771.895 f.

50ᵉ année... Reste en capital actif, 1.586.710.489 f.

51ᵉ année... Reste en capital actif, 1.597.046.013 f.

52ᵉ année... Reste en capital actif, 1.609.898.313 f.

53ᵉ année... Reste en capital actif, 1.625.393.228 f.

54ᵉ année... Reste en capital actif, 1.643.662.889 f.

55ᵉ année... Reste en capital actif, 1.664.846.033 f.

56e année... Reste en capital actif, 1.689.088.334 f.

57e année... Reste en capital actif, 1.716.542.750 f.

58e année... Reste en capital actif, 1.747.369.887 f.

59e année... Reste en capital actif, 1.781.738.381 f.

60e année... Reste en capital actif, 1.819.825.300 f.

61e année... Reste en capital actif, 1.861.816.565 f.

62e année... Reste en capital actif, 1.907.907.393 f.

63e année... Reste en capital actif, 1.958.302.762 f.

64e année... Reste en capital actif, 2.013.217.900 f.

65e année... Reste en capital actif, 2.090.878.790 f.

En comparant le résultat du remboursement à la 65e année, avec celui de l'amortissement à la 34e (époques de complette libération), M. le Duc de Gaëte présente, au désavantage du remboursement, une différence de. . . . .   499.814.320 f.

En ne négligeant aucun des élémens qui doivent y concourir, cette comparaison donne au contraire, à l'avantage du remboursement, une différence de. . . . .   2.090.878.790 f.

Total. . . . .   2.590.693.110 f.

L'erreur de M. le Duc de Gaëte est donc, d'après ses bases, au détriment du remboursement, de près de 2 milliards 600 millions.

ARMAND SÉGUIN.

TABLE.